कविताओं का काफिला

शिवम कुमार

ISBN 979-888569009-6

क्रम-सूची

क्रम-सूची

क्रम-सूची

प्रस्तावना

"कविताओं का काफिला " अपने आप में एक ऐसी किताब है जो आपको भावनाओं की और ले जाएगी । इस किताब का नाम कविताओं का काफिला इसीलिए रखा है क्यूँकि यह किताब दिल की बातों का संग्रह है जैसे प्रेरणादायक , प्यार का इज़हार , प्रेम पत्र , ऐसे अनेक कविताओं का प्यारा सा मिश्रण बनाकर यह किताब बना है । इस किताब के माध्यम से ढेर सारी खूबसूरत यादें बेहतरीन रचनाओं को हम आपके सामने प्रस्तुत कर रहे है । आशा है ये किताब आपके दिल में खास जगह बनाएगी और आपके बेहतरीन किताबों में से एक साबित होगी ।

धन्यवाद

पावती (स्वीकृति)

सर्वप्रथम मैं देवों के देव महादेव जी के समक्ष नमन करता हूँ । जिनकी कृपा से हमारी ये किताब निर्विघ्न रूप से संपन्न हो सका । उसके बाद मैं अपने माता - पिता का भी दिल से शुक्रिया अदा करता हूँ उन्होंने मेरा साथ हमेशा दिया और मेरा प्रोतसाहन बढ़ाया ।

Words of Soul Publication के संस्थापक निकिता दुदगी जी , को - संस्थापक लक्की पाण्डेय जी एवं सभी सदस्यों का दिल से शुक्रिया अदा करता हूँ । जिन्होंने मुझपर अपना विश्वास बनाए रखा और इस सफर में हमारा हौसला बढ़ाया एवं इस संकलन को सफलतापूर्वक पूरा करने में मेरा साथ निभाया । हमने किताब में सभी आवश्यक परिवर्तन और बहारी आवरण को खूबसूरत बनाकर किताब को और आकर्षक बनाने का प्रयास किया है ।

अंत में मैं अपने " कविताओं का काफिला " के पूरे परिवार को दिल से शुक्रिया करता हूँ जिनके बिना इस किताब का सपना पूरा करना नामुमकिन सा था और अपना बहुमूल्य समय और सहयोग दिया । साथ ही साथ हमारे ऊपर अपना विश्वास भी बनाए रखा और धैर्य के साथ हर पल हमारा साथ निभाया और इस पुस्तक को पूर्ण किया और अतुलनीय भूमिका निभाई ।

आप सभी को दिल से शुक्रिया ।

धन्यवाद

शिवम कुमार

अस्वीकरण

इस संकलन में पब्लिकेशन ने ये सुनिश्चित किया है की प्रत्येक रचाएं लेखकों द्वारा स्वरचित हैं । इस पुस्तक में लिखी प्रत्येक कविताएं ,शायरी , पत्र लेखकों द्वारा स्वरचित है यदि इसके बाद भी किसी रचना की चोरी पाई जाती है तो इसके ज़िम्मेदार हम नहीं स्वय लेखक होंगे । हमने सभी लेखकों से स्वरचित एवं अप्रकाशित रचनाओं के लेखन की माँग की थी । हमारा संबंध निष्कपट एवं विश्वास पर आधारित है ।

संपादक

1. Compiler

Shivam Kumar

Shivam kumar is a young and passionate poet hails from Delhi .He is fond of Hindi Literature and has completed his 12th from sarvodaya bal vidhayalaya Anand vas and now he is studying B.A in Political Science . He loves to write Poems and shayari in every zone . Kabir das is his Inspiration . He is Co-author of 15+ Anthologies and also a Author of Solo Book "Kagzi Ehsaas " and he has participated in poetry competition and won first prize in bareli . He says his favourite Writer is Kabir Das and has read almost every poetry , stories written by Kabir das .

Contact him
Insta Id : @Shivam.1076
G.mail : Shivam122444@gmail.com

रूखसार और शिवम का प्यार

उनका मुस्कुराना हमें अच्छा लगता है,

उनका यूँ नज़रें चुराना हमें अच्छा लगता है,

हम बैठे रहते हैं अक्सर उनकी यादों में,

उनका वो प्यार से शिवू बुलाना हमें अच्छा लगता है

उनका वो मुंह बनाना हमें अच्छा लगता है,

उनका साथ हमें अब सच्चा लगता है,

उनकी अदायें क्या कयामत ढ़ाती है यारों,

उनका वो मटक मटक कर चलना हमें अच्छा लगता है,

ख्वाबो ख्यालों में जब से वो आने लगी,

उनका दीदार हमें अब अच्छा लगता है,

सुबह से शाम होने को आ जाती है,

उनके इंतजार में ये दिन बिताना हमें अच्छा लगता है,

उनका हाथ पकड़कर चलना हमें अच्छा लगता है,

उनका वो घंटों तक बातें करना हमें अच्छा लगता है,

उनकी जुल्फें जब जब मेरे चेहरे को छूती है,

वो दिन बड़ा सुहाना सा लगने लगता है,

उनका ये ये कहना हमें अब अच्छा लगता है,

उनका मेरे घर आना हमें अब अच्छा लगता है,

उनकी खुबसुरती की क्या बात करें,

उनका नाम ही लेना आशिकों को अच्छा लगता है॥

2. Apeksha Khedkar

Myself Apeksha Khedkar.

I'm from Pune

I'm 14yrs old girl . Writing is my passion of love, it
feels me connected to myself as I explore myself
every moment. Inking my emotions and feelings is the
best company of my life.

I feel lost in your eyes!

Whenever I look into your eyes,

It seems that your eyes are calling me,

I see so much love in your eyes,

I feel lost in your eyes.

Whenever I look into your eyes,

I see so much care in your eyes ,

I see so much faith in your eyes ,

I feel lost in your eyes.

Whenever I look into your eyes,

I see so much fear of losing me in your eyes,

I see my future in your eye ,

I feel lost in your eyes.

There's some magic in your eyes,

That magic attracts me every time,

I think your eyes are saying stay with me, don't go
anywhere.

I feel lost in your eyes .

I never want to see tears in your eyes,

I just want the sparkle in your eyes.

Whenever I see you happy,

I feel lost in your eyes.

I never want to lose you my love!

You are in my heart ,

You light up my life, Thankyou!

My love for you is pure and true.

3. SANAT KUMAR MISHRA

He is Sanat kumar Mishra a boy dwelling in the 15th year of his life & studying in Class-10. He is a writer and a pretty well artist. He was born and brought up in cuttack, odisha. He feels immensely pleasured to write poems about emotions & upheavals in life. He entered the arena of literature not long before 4 years when he wrote his first poem in English.

AN ODE TO A SOUL WITHIN

Oh my dear dear soul, you lie within my bony skeleton;

Still you are the mighty one guiding my flowery desires.

Oh soul! You are the most gracious being I ever know,

Making me choose the blissful success road from
diversities.

Yes! Being nostalgic, I still reminiscent over that mournful
day

Where I was troubled by the divergence of two roads: one
to east

And the other road to the west- just opposite to the first,

I grazed long at the roads, with aspirations boggling my
heart.

I was besieged by adverse decisions standing at that fork

And couldn't decide which road to trail upon and which to
quit.

Both the pathways were carpeted with grasses adorned with
flowers,

Even shone as if both are alike to make me triumphant.

Yes! Dear soul, I still remember, you pricked up my
instinct-

Making me realise the falseness of life that would have
misled.

You made me aware of the grievous stones which were

Hidden under the green glowing grasses along the road.

You made me tackle the disastrous situation at the
divergence:

Pinching my mind to acknowledge the road of thorns by
heart.

Yes! I still remember that pensive road that seemed as a
mirage

And Bravo! I didn't travel that, Else my life would have
been a desert.

Yes! Dearest soul, you saved my life from being full of
thorns

You just sheathed me from slaving the bitter truth of dwell.

I still recall the diverging roads once in that dark wood of
mourns,

Where I was distorted with an illusion of roads that was to derail me

4. Anita Rohlan

अनिता रोहलन (आराध्यापरी)का जन्म नागौर के जिले लाछड़ी गाँव में हुआ, इन्होंने बी.ए की पढाई श्रीमती मोहरी देवी तापड़िया कन्या महाविद्यालय जसवनतगढ ,लाड़नूँ से की,इन्हे खेल में भी रूचि है इन्होंने कराटे मे रेड बेल्ट व ताईकावानडो यलो बेल्ट प्राप्त किया है इन्हे गानो के बोल लिखना भी बेहद पसन्द है इन्हे नृत्य व योगा मे भी बेहद रूचि है यह प्रकृति प्रेमी है इन्हे लिखना बेहद पसन्द है पर यह इसे सामाजिक बदलाव का सशक्त माध्यम मानती है इनकी 60 पुस्तकों मे कविताएँ प्रकाशित हो चुकी है

लड़का होना आसान कहाँ

अगर लड़का होना आसान होता

तो हर जन्म में लड़के होने की ही चाहत करता

बचपन से ही तानो की बरसात होती है

अगर कभी अपना दर्द बया करो तो तुम मर्द नही

पत्थर दिल बनकर मजबूर रहो तो तुम

बेदर्द हो इन्सान नहीं

कहने को हम आजाद होते हैं

पर जिम्मेदारियों का थैला बचपन से ही थमा देते हो

लड़कियाँ माँ _बहन की गाली दे तो हिम्मत वाली है

और हम गाली दे तो बेशर्म

कुछ ज्यादा बता दो तो ज्ञानी है

कुछ नही कहो तो आवारा है

लकड़ी खुले कपड़े पहने तो फैशन और हम पहने तो बिगड़ी का है फैशन

लड़की अगर मोटी हो तो गोलू_मोलू

लड़का कुछ काले रंग का क्या हो गया रेगिस्तान से आये प्राणी कह दिया

और तो और जो माँ बचपन से हमारा पक्ष लेती है शादी होने के बाद वो
भी पत्नी का गुलाम कहती है

अगर माँ की सुनो तो माँ का लाइला

पत्नी की सुनो तो बीवी का मजनूँ

बेटी को अगर फोन दिला दो तो हम उसके सुपरहिरो पापा

जरा सा डांट दो तो बात तक नही करती

जब लड़की साथ छोड़ती है तो पापा की इज्जत बचाने के लिए छोड़ दिया

और हम छोड़ दे तो बेवफा

इन्हे सब सहानुभूति देते हैं

और हमे गालियाँ

शोफिंग,मूवी,न ले जाओ तो तुम घरेलू नही

और जरा सा घर के काम के बारे बता दो तो तुम पुरानी सोच के हो

हर किसी से तुम बाते करती हो

और कभी अगर हम कर ले तो मर्द जात खराब होती है

अरे!कभी हमसी जिन्दगी जी के तो देखो

यह लड़का होना इतना आसान कहाँ है ।

Oh!पापा की परी लड़का होना इतना आसान भी नही ।

5. Priyanshi Mussadi

प्रियांशी मुस्सद्दी एक छात्र हैं, जिनकी लेखन में गहरी रुचि है और वे काफी लंबे समय से साहित्य का अध्ययन कर रही हैं। उनके लिए, लेखन एक थैरेपी की तरह है जिसके द्वारा वह अपने विचारों को शब्दों में पिरोती है। अपने लेखन में वह जीवन की सुंदरता और अपने अनुभवों को परिभाषित करती है। उसकी सबसे प्रिय लाइनें हैं:-

हम एक मिसरे पर अटक गुज़र जाएंगे,
आप हमें शायरी में डाल मुक़म्मल करें ।

आप उनके इंस्टा हैंडल के माध्यम से उनके सामाजिक जीवन के बारे में जान सकते हैं: @_priyanshimussadi_ and @behki.kalam

तेरा ये चेहरा

इश्क़ को इश्क़ से इश्क़ की जबाँ पर लिखा है,

मैंने तुझको अपना क़ातिल, दिलबर लिखा है।

कोई तुझे मेरा समझकर ख़ुद से जुदा ना कर ले,

इसलिए ख़ुद को दरिया तुझको समुंदर लिखा है।

किया है दीदार तेरा अब तलक बस तस्वीरों में ,

मुलाक़ातों को हमारी एक हसीं मंजर लिखा है।

तेरा ये चेहरा सादा नहीं , एक पहेली जैसा है,

जितनी बार पढ़ा है, आँखों ने मुक़र्रर लिखा है।

मैं कितना भी चाहूँ ये सच नहीं बदलता रहबर,

ऊपर वाले ने हमारा बिछड़ना मुक़द्दर लिखा है।

खेलकर जिस्म से , आज फिर एक दीवाने ने,

ख़िताब इश्क़ का काँटों का बिस्तर लिखा है।

एक मुद्दत हालातों से लड़ने-झगड़ने बाद ही मैंने,

दुनिया की नज़रो में ख़ुद को सुखन-वर लिखा है।

6. Rukhsar Balkhi

रूखसार बल्खि की उम्र 20 वर्ष है यह लाड़नूँ (नागौर) की रहने वाली है इन्होंने श्रीमती मोहरी देवी तापड़िया कन्या महाविद्यालय जसवनतगढ से बी.ए किया है इन्हे कविताए लिखना,कुकिंग करना,फैशन डिजाइन में बेहद रूचि है यह अपने विचारो को लेखन के माध्यम से लोगो तक पहूचाना चाहती है ।

खुदा ना होता है हर समय

खुदा ना होता है हर समय

तो बनाकर भेजें उसमें दो फरिश्ते किस्मत वालों को ही मिलते हैं

यह अनमोल तोहफा उंगली पकड़कर चलाया

हमें गिरने पर उठाया हमें कामयाबी का रास्ता दिखाया

हमें क्या पीछे मोड़ना सिखाया

हमें कोई कैसे हो सकता है इतना अपना हमारी खुशी है

माता पिता का सपना कभी हमारी गलती पर डांट देते होंगे

पर हमारी कामयाबी पर बहुत खुश होते हैं

माता-पिता जेब में ना हो चाहे खुद के लिए पैसे

तुम्हारी इच्छा को मना कर कैसे सकते ऐसा ही होता है

माता पिता का प्यार समझ नहीं आएगा उम्र भर

मेरे यार कितना भी हो जाऊं बड़ा माता-पिता का हूं

मैं दुलार माता पिता के बिना दुनिया ही अधूरी है !

क्योंकि माता-पिता ही हमारी दुनिया है

7. Shubhanjali Nishad

Name of Co Author is shubhanjali nishad she hailing from kanpur up. Her passion is writing. ND her hobbies is reading books ND travelling her aim is to achieve success in short time. She want to become a professional writer in his life.she completed 200+ anthology books as a co author contact with her through Gmail I'd nishadrock96@gmail.com insta I'd kanha_ki_laado

एक नजर

एक बार ही नज़र पड़ी थी उन पर...

तब से बस वही नजर आते है...

पता नही क्यों इतनी बेचैनी.......

दिल मे जगा हमसे दूर चले जाते हैं

उन्हे देखने की आस मे हम....

पल पल तड़पते जाते हैं.......

उनके शिवा ये हंसीन नजारे.....

मस्त सहारे भी हमे नहीं भाते हैं

हम गुमसुम होकर अपने ख्यालों

मे इन डाल के पक्षियों को देखते जाते हैं

तब इन्हें मेरा दिल इनकी प्रशंसा करता है

की ये पंक्षी भी कितना सुंदर गाते है

8. Shreya Dubey

I'm Shreya Dubey from raipur chhattishgarh. I'm a student of English Literature and being an student I want to explore as much as I can and writing is one of the way to do it. I write what I feel

Toss

Every toss brings a solution,

Not head or tail but the expected conclusion.

Floating coin makes you wise,

Either you accept the result or you realized your choice.

A coin decides right or left,

Such big decision on coin is it okay to do that.

Unexpected results increases the confusion,

Expected results left with a confusion for the other option.

Toss never gives a solution,

It just justify the expected option.

9. Arpita Khare

She is Arpita Khare,a 19 years old girl from Gorakhpur,U.P.She loves reading love novels and writing love related content.Being an introvert, she chooses to express her emotions by writing and which also gives life to the voices of her heart. She is always busy in learning new things and exploring what is happening in and around the world. She is open hearted and open minded and is a good chef as well. She is a co-author of many books and also a compiler of many books. She is also an RJ (Radio Jockey). You can hear her podcasts on VOXIT. She has also compiled 10-15 books with several publications like Unbreakable bond, mera bharat mahaan etc.

His Smile.....

In the depth of your eyes, I saw my future,

I saw our lives, everything gloomy it was

All amusing, which helped me to gain balance

I felt like a princess

Because you the prince of heaven's,

No other could capture my heart like you;

No other could make my soul dance to your favorite
song......

This is why "I LOVE YOU".

Your beautiful charm hypnotise me each and every day,

Loving you with all my heart and soul;

Is the only way, your spirituality and ecstatic heart always
makes me speechless,

I'll love you with all my heart none less........

This is why "I LOVE YOU".

I lack my words to figure out,

The ascentic beauty of yours, your smile is like the
therepautics that cures the pain of my heart,

I am forever grateful that my eyes laid sight to your
messengeretic smile

10. Shivani Jha

शिवानी 23 वर्ष की युवती है जो कि बेगूसराय, बिहार से सम्बन्ध रखती है | इन्हे लिखने के साथ साथ पेंटिंग का भी बहुत शौक है Insta id :miss_jha23 Email id :shivani23jha@gmail.com

"वो घबराता नहीं"

वो घबराता नहीं

दुश्मनों से डटकर सामना करता है,,

अपने परिवार को भुलाकर,

भारत को ही अपना परिवार मानता है,,

वो जवान, तिरंगा से मोहब्बत करता है

बड़ी सिद्दत से निभाता है,,,

होली, दिवाली या कोई भी त्यौहार हो

वो गोली बारूद के बीच मनाता है,,

सीना छल्ली -छल्ली हो जाए, फिर भी

वो आखरी सांस तक लड़ता है

वो खून हिंदुस्तान का है जनाब

मौत को भी मुस्कुरा के गले लगाता है!!!!

11. Bishakha Kumari Saxena

बिशाखा कुमारी सक्सेना जी नोएडा की निवासी हैं और पटना से इन्होनें अपनी सारी शिक्षा पूरी की है। ये समाजशास्त्र में स्नातकोत्तर की उपाधि प्राप्त की हुई है । इनकी रूचि कुकिंग, कविता लेखन, पेंटिंग में है । घर की जिम्मेदारी के कारण नौकरी को छोड़ दिया था । तो पूरी तरह से अपनी रूचि की तरफ ध्यान देना शुरू किया। इन्होनें कुकिंग के प्रतियोगिता में अनेक मैडल,

ट्रॉफी, प्रमाण पत्र हासील कर रखा है। इनकी कुकिंग में किताब भी छप चुकी है । लेखनी में भी मैगज़ीन और 40 किताबों में इनकी रचनाये छप चुकी है। ये अच्छे विचारो को अपने लेखनी के माध्यम से लोगों तक पंहुचाना चाहती है ।

कसौटी जीवन क्षितिज की

जब आध्यात्मिक आस्था,

बन जाता उमड़ता प्रकाशपुंज,

जीवन क्षितिज अचानक जागृत होकर,

बिखरने लगता है।

धुंधला-सा होता मन भी,

विज्ञान की कसौटी पर,

प्रामाणिक होकर सच्चा,

विश्वास बनने लगता है।

पाश्चात्य जीवनशैली करती विचलित,

व्यथित मन घबराता चकाचौंध से,

आस्था के धरातल पर,

हृदयतल भी घबराने लगता है।

भौतिकवादी समाज के विवेचना से,

मन की उड़ान रुक जाती हैं,

संवेदना व्यक्त होकर मर जाती हैं,

दिल फिर आल्हादित होने लगता है।

12. Lavanya Venugopal

नमस्कार, लावण्या वेणुगोपाल २१वर्षीय लेखिका है। ये चेन्नई शहर की रहने वाली है। इनको हिंदी, अंग्रेज़ी एवं फ्रेंच भाषा में लिखना पसंद है। जब तक साँस है तब तक कविताएँ की धारा इनकी खून में बहेगी। भारत माता की वीर पुत्री के नाम से पहचान बनाना चाहती है।

कितना मुश्किल है पैसा कमाना?

कितना आसान है ये पैसों का व्यापार?

शायद इतना भी मुश्किल नहीं है इसका विचार!

नाम की बड़ी पहचान होती है,

अफसर बनने का बड़ा शौक होता है,

पर घूस लेने में कभी कोई दिक्कत नहीं आयी,

रिश्वत के पैसों से पेट भरने में मुश्किलें नहीं हुई।

शोहरत सबसे बड़ी ताकत है उस परिवार की,

पीहर के नातों की संपत्ति शोभा थी उस घर की,

दहेज माँगने में कभी कोई शर्म नहीं आयी,

उन दर्द के पैसों से घर चलानेमें मुश्किलें नहीं आयी।

गरीब होने के लिए किस्मत को दोषी ठहरते हैं,

फिरौती की रकम वसूल करके अपना काम चलाते हैं,

पर मासूम बच्चों को अगवा करने से रोंगटे खड़े नहीं हुए,

उन पैसों से ज़िंदगी बसाने में मुश्किलें नहीं हुई।

देश के विरुद्ध माल भेजने में लाज नहीं आयी,

गैर कानूनी प्रक्रिया में कोई मुसीबतें नहीं आयी,

औरत को वैश्या बनाकर पैसा दिलाने से हाथ नहीं काँपे,

चपरासी को गुलाम बनकर उसका हक़ लूटने में हाथ नहीं काँपे।

जायदाद के लिए रिश्ता जोड़ने में बाधाएँ नहीं आयी,

बीमा के लिए खून की सुपारी देने में मुश्किलें नहीं आयी।

पर मरीज के इलाज के लिए एक बूँद पैसा भी नहीं है,

चिकित्सा के खर्चों में एक फूटी कौड़ी नहीं है,

बीमारी के लड़ाई में पैसा कमाना बहुत मुश्किल हो गया है,

मौत के मुँह से बाहर आने में पैसों की पूजा होती है।

ज़िन्दगी का अमृत भी है पैसा,

कुरीतियों के दोषी ठहराने वाली भी है पैसा,

कितना आसान है ये पैसों का व्यापार?

शायद इतना भी मुश्किल नहीं है इसका विचार!

©लावण्या

@thepowerofwriting

13. Iti Singh

इति सिंह एक 22 वर्षीय युवती है.यह बिहार के दरभंगा जिला में रहती हैं. ये अपने पढ़ाई के साथ साथ चित्रकला, नृत्य, संगीत, में भी रुचि रखती हैं.ये अपने परिवार के साथ रहती हैं.ये अपने स्वभाव से लोगों को अपना मित्र बना लेती हैं इन्हें लिखना बहुत पसंद है यह अपने मन की खुशी के लिए लिखते हैं!

itiaksingh@gmail.com

तलाश-ए-जिंदगी

तलाश-ए-जिंदगी ने दिया क्या है

तेरे और मेरे होने की वजह क्या है

सुन ऐ जिंदगी तूने कितने सारे एहसास दिए हैं

प्यार दोस्ती गम खुशी और मैंने शिवा अपने मुस्कुराहटों के

तुम्हें दिया क्या है

कुछ अधूरी ख्वाहिश है कुछ दिली तमन्ना है

और ढेर सारे सवाल है एक पल में सब मिल जाए

फिर बता ना तूने जिंदगी जिया क्या है

14. Neha Pandey

I am Neha Pandey daughter of Mr. Girish Chandra Pandey and Mrs Meera Pandey. I was born in Kanpur district of UP.

I currently lives in Mathura and work as a PGT Hindi teacher in Charkula Global Public Senior Secondary School.

I love writing poetries because they r like my best friend. I am a devotee of Radhekrishna and Shiva.

I am a teacher by profession and a writer by passion.

जो लब न बयाँ कर पाए मैं वह बात लिखती हूँ, मैं अल्फ़ाज़ नहीं जज़्बात लिखती हूँ।

बेटियाँ

माँ का गर्व, पिता की लाडली होती हैं बेटियाँ,

स्नेह के सिवा और कुछ नहीं चाहतीं बेटियाँ।

कभी छोटी-छोटी बात पर आँसू बहाती है बेटियाँ,

कभी परिवार के लिए तूफ़ान से लड़ जातीं हैं बेटियाँ।

कभी मासूमियत उनकी माँ-पिता का स्नेह माँगे,

उनके सम्मान के लिए गैरों से टकराती हैं बेटियाँ।

शारीरिक क्षमता से उन्हें कभी मत आँकना,

पर्वत सदृश मज़बूत हृदय की होती हैं बेटियाँ।

छोड़कर एक घर दूसरे घर को अपनाती हैं बेटियाँ,

माँ-पिता के संस्कारों से दूसरा घर सजातीं हैं बेटियाँ।

सुनो बेटियों को तुम कभी पराया न समझना,

ससुराल जाकर भी माँ-पिता का माँ बढ़ाती हैं बेटियाँ।

ससुराल में बर्दाश्त करतीं हैं वो अन्याय को भी,

माँ-बाप के संस्कारों का बोझ मरते दम तक उठाती है बेटियाँ।

खुले आसमान तले उन्हें भी जन्म लेने का हक़ है,

फिर क्यों गर्भ में ही मार दी जातीं हैं बेटियाँ।

15. Shruti Dahikar

श्रुती दहिकर (जैन) महाराष्ट्र से है। ये अपनी लेखनी से खुद को निखारना चाहती है। इसे प्रकृती से बड़ा प्रेम हैं। अपनी सोच को, भावनाओ को खुद की कलम से अभिव्यक्त होने में ये रुची रखती है।

Insta ID- Shruti.heart_world

जिंदगी का इम्तिहान

जिंदगी में अक्सर आंधी- तूफान

जैसी मुश्किले उनसे ही टकराती हैं,

जो उन्हे मुंहतोड़ जवाब देना जानते हैं,

जो रोना नही,

हँसना जानते हैं,

हर हालात में सच का साथ देना जानते हैं,

जो डरते नही,

बल्की औरो को भी संभालना जानते हैं,

खेल में मजा तभी आता हैं,

जब सामने वाला जीतने के काबिल हो|

जिंदगी भी इस बात से अंजान नही||

16. Har Deepansh Bahadur Sinha

हर दीपाँश बहादुर सिन्हा लखनऊ, उत्तर प्रदेश से संबंध रखते है। इन्होंने नैशनल पोस्ट ग्रेजुएट कॉलेज से भूगोल में स्नाकोत्तर की शिक्षा गृहण की है।

गाने सुनना, पकवान बनाना , गाड़ी चलाना इनकी रुचियाँ है। लिखना , तस्वीरे लेना , सौरमंडल को समझना और घूमने के प्रति इनका गहरा लगाव है।

नारी सशक्तिकरण - एक बदलाव

अखिर समझने में क्या है मजबूरी

की नारी सशक्तिकरण है ज़रूरी ,

ना हो उनका जीवन बेरंग

ना लगे उनके सपनों को जंग ।

नारी है सामाज का महत्वपूर्ण अंग

निरंतर हो रहे उसके लिए रास्ते बंद ,

उनकी उम्मीदों को लगाकर ठेस

किस राह जा रहा हमारा देश ।

बेटी को पढ़ाओ और आगे बढ़ाओ

उसे उसकी ज़िंदगी से रुबरू कराओ ,

उसकी सोच समझ का करो सम्मान

ना होने देना उसके अस्तित्व का अपमान ।

सामाज की उठाने दो उसको जिम्मेदारियाँ

मत सोचना की कमज़ोर हैं उसकी कलाईयां ,

दो पैसे कमाने की भी है उनमें श्रमता

उनके समक्ष प्रकट करो संपूर्ण नम्रता ।

नारी है समस्त जनजाति की माता

उसके भीतर कण कण है समाता ,

तो आओ मिलकर ले एक फैसला

सदैव बढ़ाएंगे नारी का हौसला ।

17. Neha Uday Bhan Gupta

She is Neha Bhan Gupta from Mahaboobganj, Ayodhya. She loves to write poem and stories. She has done BTC, LLB and LLM.

सब लोग मुझे गंवार कहते है,
मुझको तो गंवार रहने दो

मैं हूँ गाँव की तनया, मेरी देह पर भारतीय परिधान रहने दो,

सब लोग मुझे गंवार कहते है, मुझको तो गंवार रहने दो।

अंग्रेजी के चकाचौंध में, मुझे हिन्दी का अध्याय रहने दो।

सब लोग मुझे गंवार कहते है, मुझको तो गंवार रहने दो।

करो पार्टियां तुम डिस्को में, मुझको मन्दिर में रहने दो।

सब लोग मुझे गंवार कहते है, मुझको तो गंवार रहने दो।।

आलीशान बंगले तुम्हें मुबारक, मुझे कच्चे मकान में रहने दो।

सब लोग मुझे गंवार कहते है, मुझको तो गंवार रहने दो।।

बनवाओं हाथों पर तुम टैटू, मेरी कलाई पर रक्षा सूत्र रहने दो।

सब लोग मुझे गंवार कहते है, मुझको तो गंवार रहने दो।।

लहरा लो तुम जुल्फें अपनी, मेरी बालों में सरसों का तेल रहने दो।

सब लोग मुझे गंवार कहते है, मुझको तो गंवार रहने दो।

झूठ, फरेब तुमने सीखा होगा, पर मेरे होठों पर सच्चाई रहने दो।

सब लोग मुझे गंवार कहते है, मुझको तो गंवार रहने दो।

होगे तुम आइटम सॉन्ग के दीवाने, मेरी जुबां पर राम भजन रहने दो।

सब लोग मुझे गंवार कहते है, मुझको तो गंवार रहने दो।।

लिव इन रिलेशनशिप तुम जानो, मुझे ईश्वरीय प्रेम में रहने दो।

सब लोग मुझे गंवार कहते है, मुझको तो गंवार रहने दो।।

मत छलों मुझे अपने परपंचों में, मैं नेह हूँ मुझे नेह रहने दो।

सब लोग मुझे गंवार कहते है, मुझको तो गंवार रहने दो।

18. Pratibha Kumari

I'm from Nagur Rajasthan
Now I'm doing my post gratuation from Rajasthan
university in political science
I don't wanna do anything for achive something I just
wanna live this life with its completness

'मेरे राम'...

हजारों सवाल ,

द्वंदव कई

वेदना प्राणों की,

मगर अनकही,

सब कुछ खुद में समेटे,

सिसकी में दम तोड़ती हैं ,

हर शाम

मेरे दिल की जाने,

19. Emerald Reshma Reddithota

Writer and Travel Lover

Beauty of Diversity

Wow! The world is beautiful!

With different seasons,

With different cultures,

With different languages,

With different places!

Let's enjoy this beautiful diversity!

And do not let us divide or break our unity!

The world is so big to enjoy and love!

Let's do it!

20. Shalvi Singh

Shalvi is currently pursuing M.A in clinical psychology. She's passionately curious about writings. She loves to present poetries and also loves to sing. She got first prize for poetry competition. She blogs at story mirror. Her write-ups are mostly based on life and love

आज की पीढ़ी के मासूम बच्चों के लिए क्या टेक्नोलॉजी जिम्मेदार है ?

"हर शब्द में अल्फ़ाज़ तो होते हैं, पर हर अल्फ़ाज़ वक़्त रहते हम तक नही पहुंच पाते"

कहीं माँ के चिल्लाने की आवाज़ गूंज रही होती, तो कहीं पिता के सहारे से बेटा फ़ोन जैसे उपकरणों में मश्गूल रहता है।

क्योंकि ये टेक्नोलॉजी का ज़माना है, साहब!

जहाँ इस तकनीकी के इस्तेमाल होने का बस यही एक ठिकाना होता है।

रोज़- रोज़ की यही हाय - हत्या,

हर रोज़ की यही कहानी बनी रहती।

माँ कहती बेटा पढ़ लो ! पर बेटे के दिमाक ने ये बात कभी न मानी होती।

और मानता भी तो कैसे ?

क्योंकि दिमाक पे तो सिर्फ़ उसके उपकरणों से ही हानि होती ।

कभी हाथ सुन्न पड़ जाते, तो कभी आंखों में रगड़ाहत।

कभी माथे के दर्द से परेशान हो, पर फिर भी न खत्म होती इन बच्चों के फ़ोन चलाने की चाहत।

माँ के निरंतर प्रयास से भी वे न सुनते,

वो कहती सो जाओ!

वो कहती खाना खालो!

पर इन्हें कहाँ फिक्र ? ये तो अपनी दुनिया के राजा होते।

फिर देखते-ही-देखते ये बुरी आदतें इन पर हावी होने लगती।

बस हर दिन- हर रात इनकी मनमानी होने लगती।

एक वक्त आता, जब इन्हें अपनी हरकत पर तरस आता।

पर अफ़सोस! ऐसे उन लोगों पर ,

जिन्हें ज़िंदगी दुबारा मौका नही दे पाती।

जिन्हें ज़िंदगी फिर से वापस नही ला पाती।

क्योंकि ये नतीज़ा होता उनका, खुद पर इतनी जातती करने का।

ये नतीज़ा होता उनका, बड़ों की बात न मानने का।

बस! आखिर में एक माँ के लिए कोई उम्मीद बार भी न रह जाती,

उन्हें देखने के लिए, उनके बच्चे की फिर कभी कोई तस्वीर भी न नज़र आती।

रह जाती तो बस एक मौत!

जो हमेशा के लिए नींद दे जाती।

जो हमेशा के लिए नींद दे जाती।

शाल्वी सिंह

21. Muskan Satyam

Muskan Satyam is a simple girl with sweet demeanor and versatile persona from Gorakhpur, Uttar Pradesh. A technical graduate by academics, a regional officer by profession, an ardent writer by passion, and a poet by heart, that's all about her. People appreciate her for the healing power of her pen and the spread of positivity she brings in their lives.

कितनी विचित्र बात है

त्रेता, द्वापर, सब बीत गए।

आयी कलयुग की ये काली रात है।।

जहाँ इंसान ही है, इंसान के लहु का प्यासा।

देखो ना! कितनी विचित्र बात है।

परिवारों के जहाँ आधार हिल गए हैं।

सहोदर भाइयों के दिल, एक-दूजे से विलग हो गए हैं।।

जहाँ नवनिहालों में, नगण्य संस्कार हो रहे हैं।

और ये कहते हैं,

"हम आधुनिक हो रहे हैं।"

ग़रीबों को नहीं मिल पाती, जहाँ दो जून की भी रोटी है।

अमीरों की तश्तरियों में रोज छूट जाती, जहाँ मांस की बोटी है।।

ये फ़ासला इतना बड़ा, जितनी एड़ी से चोटी है।

इन संवेदनहीन मनुष्यों को देख, धरा भी अपने ही जाये इन कपूतों पर रोती है।

यूँ ही तिल-तिल कर, इंसानियत हर रोज़ खोती है।

ये धरा अपने ही जाये कपूतों पर रोती है।।

स्त्री की दशा जहाँ, दुर्दशा से भी ख़राब है।

बूढ़े माँ-बाप को जहाँ, बेटे दिखाते ताव हैं।।

वो पेड़ खड़ा है ठूँठ, उससे मिलती न अब वो छाँव है।

शहरों के मरघट भी जहाँ भरे पड़े हैं,

और दिखते खाली वो गाँव हैं।

इन सबके बावजूद, दिल के किसी कोने से आती यही आवाज़ है।

इस घनघोर निशा के आगे, उम्मीदों का नया आग़ाज़ है।।

स्वर्णिम होगा वो कल, भले ही कलंकित ये आज है।

इंसानियत कल फिर होगी दुरुस्त, माना आज उसकी तबीयत ज़रा नासाज़ है।।

बदलाव की बयार फिर हर ओर बहेगी,

यही इस जहाँ का शाश्वत रिवाज़ है।

सतयुग की वो सुनहरी भोर, बस होने ही वाली है,

परिंदे भी तैयार, फिर लेने को नई परवाज़ हैं।।

हाँ, उस सुनहरी भोर का यह सुनहरा आग़ाज़ है।

©मुस्कान सत्यम्

@muskan_the voiceofsoul

22. SURENDRA SINGH

इनका नाम सुरेन्द्र सिंह है। ये उत्तर प्रदेश के बरेली जिले के निवासी हैं। इन्हें बच्चों को पढ़ाना बहुत पसंद है। इन्हें हस्तचित्रण का बहुत शौक है। इन्होंने सिविल इंजिनियरिंग से डिप्लोमा किया है। ये कहते हैं कि लेखन इनका पेशा नहीं है, लॉकडाउन में इन्हें लिखने की रुचि हुई और कुछ महत्वपूर्ण विषयों पर अपनी रचनाएं लिखीं। इन्होंने श्रृंगार रस,वीर रस, करूणा रस, वात्सल्य रस इत्यादि रसों से परिपूर्ण रचनाएं लिखीं हैं और बहुत सी किताबों में सह लेखक हैं।

तू है राणा का वंशज

तू है राणा का वंशज

भाला फेंक साबित कर दिया,

जापान की धरती पर

झंडा भारत का लहरा दिया,

देकर गोल्ड देश को

48 पर पहुंचा दिया,

फेंक भला 87.58 मीटर का

बोल्ट का 9.58 भुला दिया।।

23. Ananya Panigrahi

Hello everyone, this is Ananya Panigrahi, a 22 year old carefree soul who loves to play with her words. She is currently pursuing her Master's in English. She resides at Bhadrak, a small town in Odisha. A great foodie whose taste buds loves trying out new dishes. Apart from writing, she has keen interest in Skating & loves reading novels. You can find more about her by following her page @blank._.muse

Letter To 21st century Cindrella

Dear Modern Cindrella,

I am pretty sure just like any other girl you too have grown up listening to fairytales. Dreaming about your prince charming who could value you, value your dreams and will come to take you riding on a white horse. But what if you start valuing yourself and your dreams before your prince charming? Won't you feel beautiful!! The cindrella in the fairy tale had to wait for her god mother to break out from her basement, she had to wait for the ball party to get the opportunity to show her skills. But my dear 21st century Cindrella, don't wait for the god mother to break your chain or provide you a temporary carriage. Break your own chains and make your own permanent carriage which will never ever break.

When you can stitch your own gown to dance with your prince charming at the ball remember you can also ditch the same gown for your interview. Remember living your dreams is much important than impressing your prince. You are all free to let your perfect man down to live your imperfect dreams. Caged in your fantasy castle will make no difference than caged in a basement.

The time has changed. Don't wait for the time to be fit in a glass slipper rather just break the glass sandal and chase your dreams as far and as fast as you can.

From

Someone who wants you to be a role model cindrella not a fairytale cindrella.

24. Jyoti Verma

I am from Ballia(Uttar Pradesh)
I am 12 passed with pcm
Dancing is my passion

Befikar

Dil to behishab tarreke

…. Sai thoda hai tumnee meri Jaan

Kassh uss dil kai seene kaa dagga vv dai

Diyaa hotaa

Befikar rhoo meri Jaan ..

Gussa ho sakte hh tumse par

Nafrat kbhi nhi…..

Ptaa hai hmee pyar krni nhi ataa

Par jitna kiya hh sirf tumse Kiya hai..

25. CA. Atul Khurana

ना हूँ किसी दबाव में, ना ही मैं कायर हूँ,
हया के पर्दों से आज़ाद हुआ, मैं एक बेशर्म शायर हूँ।

I'm a Proud Chartered Accountant by Profession and a Writer by Passion. After getting slapped multiple times from failures and the loved ones, my ink started bleeding and eventually, I became a writer. So, writing since last 4.5 years, I am still leaning the technicalities of Ghazals and Nazms. I believe, writers owe the biggest responsibilities of society. Be it curing depression, expressing love, promoting harmony or ensuring democracy, the pen aalways play a vital role. So, I'm just trying to play my role well. My genre is

'Ishq' and continuing the same, I've authored a book 'Hashtag Ishq', publication of 'NextGen Publications, Delhi' in the year 2020. Hoping for the next edition soon.

चाँद की चांदनी तले

वो अपनी माँ का सवेरा था, वो अपने अब्बा की चहेती थी,

एक राम के घर का बेटा था, एक अल्लाह के घर की बेटी थी...

कच्ची उम्र में भूले भटके, दोनों नैन मिलाए बैठे थे,

हिमाकत देखो दोनों की, हज़ारों सपने सजाए बैठे थे,

चाँद की चांदनी तले लाखों यादें उसने समेटी थी,

एक राम के घर का बेटा था, एक अल्लाह के घर की बेटी थी...

चोरी चोरी उसके वो आँगन में आया करता था,

उसे उसकी अहमियत बताने को, एक फूल भी लाया करता था,

वो भी चुपके-चुपके उसके लिए सेवईयां बनाया करती थी,

एक राम के घर का बेटा था, एक अल्लाह के घर की बेटी थी...

भीड़ से दोनों इरते थे, आँखों से बातें करते थे,

जिस दिन यार-दीदार ना हो, दोनों पल-पल मरते थे,

अपने साथ ले जाने को उसे अक़्सर बोला करती थी,

एक राम के घर का बेटा था, एक अल्लाह के घर की बेटी थी...

वो हिंदी में प्रेम करता था, वो उर्दू में इश्क़ करती थी,

जज़्बात तो उनके इक से थे, दुनियादारी ही बस फ़र्क करती थी,

एक को गद्दार, दूजे को काफ़िर जाने क्यूँ दुनिया कहती थी,

एक राम के घर का बेटा था, एक अल्लाह के घर की बेटी थी...

26. Akanksha Prajapati

This is Akanksha Prajapati from Uttar Pradesh.
Graduated in Biology (Biochemistry, Biotechnology And
Economic Botany) Pursuing Bachelor's Of Education
(B.Ed) From Bhopal University.
I like to write ,Love Spritual and Motivational Poem
and Articles

बारिश की बूदों का ज़मी को चूम लेना

ये काले-काले बादल और उसकी यादों का समुंदर,

बारिश का आना संग उसकी हजारों यादों को समेट लाना।

इन बारिश की बूदों का ज़मी को चूम लेना ।

मयूर का इस घरघोर बारिश में जीभर के झूम लेना।

उसका मेरे करीब आना और अपने हाथों से ,

मेरे उलझे-उलझे बालों को बड़े प्यार से सुलझाना।

हाँ आलिंगन करना हैं मुझे जैसे आसमाँ की ,

एक छोटी सी बूँद इस ज़मी को गले लगाती हैं।

मेरे दिल की धड़कनों का थम सा जाना।

बिजली की उस चमकती रोशनी से डर सा जाना।

मुझे और करीब ले जाता हैं उसके ।

जैसे उन बारिश की बूँदो का मिट्टी मे मिल सा जाना।

मेरी आँखें बहुत कुछ कहती हैं उससे ।

हाँ इन आँखों से निकले जलबिंदुओं का ,

पल भर में समझ जाना ।।

मेरी आँखों का उसकी आँखों से टकराना ,

शर्म से मेरी आँखों का झुक जाना।

अब सब ख्वाब़ सा हैं।

उसका मेरे करीब़ आना ।

और बारिश की तरह मुझे शामिल कर लेना।

अपनी रूह के किसी अंतर्मन में हमेशा के लिए।

ये काले-काले बादल और उसकी यादों का समुंदर ।

आज फिर लौट आया हैं संग मेरे नेत्रों में,

बारिश की बूँदों का जल लाया हैं।।

27. शिवम सिंह तोमर (शायर बदनाम)

कवि, समाजसेवी, भाजपा नेता इटावा उत्तर प्रदेश

मैं तुम्हारा बनूँ

तुम्हें ही रोज सोचूँ मैं तुम्हें ही याद करता हूँ

तुम्हारे गीत लिक्खे है तुम्हें इर्शाद करता हूँ

तिरी मुस्कान से ज्यादा कभी मांगा नहीं रब से

तुम खुश रहो जानम यही फरियाद करता हूँ

तुम नदी बन बहो मैं किनारा बनूँ

चांद सी हो रौशन मै एक तारा बनूँ

बस यही ख्वाब देखा था मैंने कभी

हर जनम तुम मेरी बनों मैं तुम्हारा बनूँ

हाथ में जब तिरे लाल मेहंदी रची।

बाद में जब जगह थोड़ी उसमें बची।

नाम लिखवा लिया हाथ पे जब मिरा,

तब मुकम्मल हुई और मेहंदी रची।

याद तेरी ये जब भी सताती मुझे।

साथ तू है सदा ही बताती मुझे।

है नज़र में तुम्हारी गज़ब का नशा,

जाम आँखो से अकसर पिलाती मुझे।

28. Darshan H Jethwa

Founder of Pratibha writer community, story teller, podcaster, singer, lyric writer, fiction story teacher

कविताओं का काफिला

चलो बनाए एक सिलसिला

जिसमे हो कविताओं का काफिला

मिलेंगे नए दोस्त वहां

लगायेगे शब्दो का मेला

चलो बनाए एक सिलसीला

शब्दो से थोड़ी बाते होगी

होगी थोड़ी कविताएं यहाँ

शायरी का दौर चलेगा

जिस से तो दिल है मिला

चलो बनाए एक सिलसिला

थोड़ी भक्ति थोड़ा प्यार होगा

सबका एक अपना नजरिया होगा

दिल से दिल जुड़ा होगा

यहां कोई नही रहेगा अकेला

चलो बनाए एक सिलसिला

कुछ बाते अधूरी होगी

कुछ बातों पे होगा अधूरा पूरा

नए विचार नई सोच रही तो

कुछ आगे सोचेंगे बड़ा

चलो बनाए एक सिलसिला

अब थोड़े शब्द को विराम दे रहा हूं

शब्दो के साथ कविता का दर्शन करा रहा हूं

किया है एक शिवम से वादा,

लिखता रहूंगा में हरदम सदा

लोगो को प्रेरित कर

करूंगा हर दिल में राज अकेला

चलो बनाए एक सिलसिला

जिसमे हो कविताओं का काफिला

चलो बनाए एक सिलसिला

-लेखक

29. Silky Jain

सिल्की जैन कोटा (राजस्थान) से है । उन्होंने अपनी पढ़ाई कोटा से ही पूरी की है । व्यवसाय प्रबंधन में स्नातकोत्तर करने के साथ ही उन्होंने कम्पनी सेक्रेटरी (Company Secretary) भी किया है । वह एक कम्पनी सेक्रेटरी है और उन्हें लिखना बहुत पसंद है । वे कई तरह - तरह की प्रतियोगिताओं में भाग ले चुकी है । लिखना, पढ़ना, गाना, घूमना, पढ़ाना, नई - नई चीज़ें करना और सीखना उनकी रुचियाँ है ।

संपूर्ण विश्व एक परिवार

"वसुधैव कुटुम्बकम" - संपूर्ण विश्व एक परिवार !

अलग है बोलियाँ, अलग है परम्पराएं, अलग - अलग है सबके विचार !!

फिर भी सबको जोड़ता प्यार !!!

यह प्यार ही तो है, वसुधैव कुटुम्बकम का आधार !!!!

दूरियाँ कितनी भी हो, फिर भी सब रखते एक - दूसरे का ख्याल !

अलग - अलग है सरहदें, जुदा है संस्कार !!

पर सरहदें भी ना बाँट सके , ऐसे जुड़े है दिल से दिल के तार !!!

व्यवहार है जुदा सबका, पर विभिन्नता में भी, है एकता बेशुमार !!!!

परेशानियों में सब देते ,एक - दूसरे का साथ !

नहीं होने देते, अपनो से दूरी का एहसास !!

कोई अलग नहीं यहाँ, हम सब है एक साथ !!!

इसीलिए तो कहते है, "वसुधैव कुटुम्कम"- संपूर्ण विश्व है एक परिवार !!!!

30. Antara Chowdhury

अंतरा चौधरी, नागपुर महाराष्ट्र की निवासी हैं । वह पिछले कुछ सालों से लिख रही हैं। उन्हें लिखने का शौक हैं ।उन्हें भ्रमण करना भी बहुत पसंद है । वह कहती हैं की जज़्बातों को लिखकर ज़ाहिर करने से दिल को सुकून मिलता हैं और लिखकर दिल की बात ज़ाहिर करना भी एक कला हैं। उन्हें पढ़ना और लिखना दोनों पसंद हैं ।

वो खुद को खुशनसीब मानती हैं की वह बहुत ही सरल भाषा में लिखती हैं ताकि सब पढ़ सकें।

संपर्क करने हेतु -

इंस्टाग्राम - antarachoudhury.15

"

जीत की ओर...

टूटे ख्वाबों को दोबारा सजाया,

बीती हुई कड़वी यादों को ज़ेहन से मिटाया,

मुस्कुराते हुए शीशे में जब खुद को देखा

जैसे मानो बचपन मेरा फिर लौटकर आया,

भीगी पलकों में जब ख्वाबों ने पन्हा लिया,

फिर मैंने खुद को समझाया,

सांसें चल रही है , तू है ज़िंदा

इतनी भी क्या मजबूरी की

दोबारा कोशिश नहीं किया ?

हिम्मत रख , हौसला तू खुद बन जा

कोई साथ हो या न हो इस बात की फ़िक्र तुझे क्यों हो भला,

चल उठ हो गई अब नई सुबह

ज़िंदा है तू अभी ये बात काफी नहीं है क्या ?

चल उठ अब ख्वाबों को सच कर के दिखा

अपने ख्वाबों को पूरे कर और जीतकर दिखा ।।